DISTRIBUTION
DES PRIX

DU

LYCÉE IMPÉRIAL D'ALENÇON

8 AOUT 1865

SOUS LA PRÉSIDENCE

de M. Léon de LA SICOTIÈRE

MEMBRE DU CONSEIL GÉNÉRAL DE L'ORNE

DISCOURS

ALENÇON
E. DE BROISE, IMPRIMEUR-ÉDITEUR
PLACE D'ARMES

1865

DISCOURS

DE M. DE LA SICOTIÈRE

JEUNES ÉLÈVES,

Un Ministre, que vous aimez et qui vous aime, m'a désigné pour présider cette solennité. J'étais loin de m'attendre à un pareil honneur. Aucun titre officiel ne me recommandait au choix de Son Excellence. Pendant quarante-quatre ans, il est vrai, j'ai suivi fidèlement les distributions de prix du collége d'Alençon, et je crois n'en avoir manqué qu'une seule dans cette longue période; mais depuis les jours bien éloignés dejà et toujours chers à ma mémoire, où je venais, moi aussi, chercher quelquefois sur cette estrade les couronnes que je dois distribuer aujourd'hui, je n'y avais guère reparu. C'était, perdu dans la foule, que j'assistais à vos jeunes triomphes, que je mêlais mes applaudissements à ceux de vos rivaux et de vos amis. Croyez-le, Jeunes Élèves, ce ne sont pas seulement vos parents et vos maîtres qui apportent ici de graves et sérieuses préoccupations. Leurs sentiments sont partagés par tous ceux qui savent la valeur du travail et qui sont heureux de le voir récompenser en vous, par tous ceux qui aiment leur pays et qui saluent en vous son espoir et son avenir. Je suis de ceux-là, Jeunes Élèves, et jamais je n'ai assisté à ces fêtes, en dehors même de toute préoccupation personnelle ou paternelle, sans éprouver une émotion sincère et profonde. C'était là mon seul titre. M. le Ministre de l'instruction publique l'a jugé suffisant. Il a pensé qu'une vie remplie par l'amour et la pratique du travail, qu'une affection sincère pour cet établissement où j'ai fait toutes mes études, où mon fils a fait les siennes, où son frère,

Si quà fata aspera rumpas (1)!

eût été votre camarade, me donnaient quelques droits à sa confiance, à la vôtre aussi, Jeunes Élèves!... Ecoutez-moi donc comme un vieil ami. Je le suis en effet. Je sais vos noms. Les pères de quelques-uns de vous ont été mes camarades et sont restés mes amis, et au milieu de vous je me retrouve pour ainsi dire en famille.

Mais, sachez-le bien, Jeunes Élèves, « l'affection, ainsi que le disait un des chefs les plus éminents de l'Université (2), l'affection n'a pas de forme plus sûre et plus sincère que le conseil. » Malheur à ceux qui à votre âge ou plus tard la méconnaîtraient sous cet aspect! Laissez-moi donc vous donner, puisque l'usage m'y convie, quelques conseils dictés par la mienne pour vous et par mon expérience.

Ces conseils s'adresseront à ceux d'entre vous qui doivent, dans quelques semaines, rentrer au Lycée pour y terminer leurs études, et à ceux qui vont le quitter pour toujours. Ce ne sera pas ma faute s'ils vous paraissent bien vieux. Ils sont vieux comme la vérité.

Jeunes Élèves qui reviendrez ici, d'autant plus tristes peut-être que vous aurez plus gaiement employé vos vacances, dites-vous bien que le meilleur, le seul remède contre la tristesse et l'ennui — (l'ennui! dont je ne croyais pas, ni vous non plus assurément, qu'il fût possible de si bien

(1) Heu! miserande puer, si quà fata aspera rumpas,
Tu Marcellus eris!

Virg. *Æneid.* VI, 882-3.

(2) M. le comte de Falloux.

parler sans l'avoir jamais ni ressenti, ni fait éprouver) (1) — c'est le travail; dites-vous aussi que le travail, sans la règle, est inefficace et stérile.

Sans doute la règle et la discipline vous pèsent : mais croyez-vous qu'elles ne soient pesantes que pour vous seuls?

Souvent, j'en suis certain, vous vous êtes arrêtés à regarder de pauvres conscrits faire l'exercice. Leur timidité, leur inexpérience, leur gaucherie, amusaient votre malignité, — *votre âge est sans pitié* (2)! — plus tard, vous les regardiez encore devenus soldats, mais c'était pour admirer l'ensemble de leurs manœuvres, la précision de leurs mouvements, la promptitude intelligente de leur obéissance au commandement et cet aspect martial qui respire la victoire.

Voilà la discipline! Elle transforme les conscrits en soldats, et les soldats en héros! Elle n'enseigne pas le courage, — en France, Dieu merci! le courage s'apprend tout seul, — mais, — qu'on me passe le mot un peu soldatesque, — la manière de s'en servir.

Vous êtes des conscrits, vous aussi, Jeunes Élèves! Vous pouvez avoir l'intelligence comme les autres ont la bravoure : l'intelligence ne suffit pas. C'est le travail et la discipline qui feront de vous des hommes capables de combattre et de gagner les batailles de la vie.

Mais si la discipline proprement dite règle l'emploi matériel de vos journées, si elle fixe la durée de chacun de vos exercices, si elle assujettit vos volontés diverses à l'ordre commun et au respect de l'autorité, ce sont les méthodes, cette discipline intellectuelle, qui vous guident et vous soutiennent dans l'étude des lettres et des sciences. Vos maîtres n'ont pas plus créé leurs methodes d'enseignement que les matières qui en font l'objet. Comme les sciences elles-mêmes, les méthodes sont le résumé, l'expression des observations et de l'expérience de tous les temps. Elles vous

(1) Allusion à l'excellent discours *sur l'Ennui* que venait de prononcer M. Dreux, professeur de rhétorique.

(1) La Fontaine, *Les deux Pigeons*.

paraissent sèches, rebutantes, puériles ; c'est que vous n'en pouvez encore discerner la raison cachée. Ne fussent-elles pas appropriées aux habitudes particulières de certains esprits, qu'ils devraient encore s'y soumettre. Les méthodes n'en affaiblissent aucun, et elles sont la force, parfois même toute la force, du plus grand nombre.

Il y a d'ailleurs dans ce premier exercice de vos facultés une heureuse préparation aux graves occupations de la carrière virile : le sentiment du devoir rempli, l'habitude du travail bien réglé et du temps bien employé, la nécessité du progrès incessant et continu. L'observation de la règle la plus insignifiante en apparence a sa raison et sa morale.

Savez-vous, vous qui murmurez contre les exigences de la grammaire, de quelle façon les appréciait Bossuet, ce génie indépendant et sublime ?

« Ne croyez pas, disait-il à son Royal Élève, qu'on vous » reprenne si sévèrement pendant vos études pour avoir simplement violé les règles de la grammaire en composant... » Nous regardons plus haut quand nous en sommes si fâchés, car nous ne blâmons pas tant la faute elle-même que » le défaut d'attention qui en est la cause. Ce défaut d'attention vous fait maintenant confondre l'ordre des paroles ; » mais si nous laissons vieillir et fortifier cette mauvaise habitude, quand vous viendrez à manier non plus les paroles » mais les choses mêmes, vous en troublerez tout l'ordre. » Vous parlez maintenant contre les lois de la grammaire, » alors vous mépriserez les préceptes de la raison ; maintenant, vous placez mal les paroles, alors vous placerez mal » les choses... Enfin vous ferez tout sans ordre si vous ne » vous accoutumez dès votre enfance à tenir votre esprit attentif, à régler ses mouvements vagues et incertains, et à » penser sérieusement en vous-même à ce que vous avez à » faire » (1).

Sachez donc envisager, au delà du devoir scholaire, les devoirs et les intérêts de votre avenir.

(1) *Instruction adressée au Dauphin, sur l'application à ses devoirs.*

Devoirs et intérêts! pesez ces deux mots et tâchez d'en comprendre toute la portée

L'instruction publique étend autour de vous ses conquêtes fécondes. Nous voyons émerger des rangs les plus obscurs des intelligences d'élite qui viennent réclamer leur place au soleil. Que de pauvres enfants à qui l'amour passionné du travail, cet amour qui renferme en lui tant de vertus, suffit pour arriver aux premiers rangs! Combien seriez-vous donc insensés et coupables, vous les aînés de la Société, vous à qui elle prodigue toutes les ressources de l'éducation, de les négliger et de laisser prendre sur vous l'avance qu'il dépend de vous de conserver! Vous serez bientôt dépassés si vous ne dépassez pas, et ce sera justice.

Vous trouverez, d'ailleurs, dans les lettres et dans les jouissances délicates qu'elles procurent à l'esprit, un ample dédommagement aux ennuis qui peuvent résulter de l'étude des rudiments.

Cueillez-en maintenant les fleurs; plus tard, vous en goûterez les fruits.

Et c'est des fruits seulement que je veux vous parler, car c'est aux hommes surtout que je m'adresse dans les enfants qui m'entendent.

Les lettres, Jeunes Élèves, ne seront pas seulement le charme et l'ornement de votre âge mûr; elles ne se mêleront pas seulement à vos travaux les plus serieux pour en tempérer l'austérité. Elles doivent entretenir en vous ce goût du bien, cet amour du beau qui font la véritable distinction de l'homme dans la vie privée et dans la vie publique. Elles enrichissent l'esprit, elles élèvent le cœur d'où viennent les grandes pensées, elles trempent et fortifient l'âme. Les lettres antiques, surtout, gardent à travers les âges une fraîcheur immortelle, je ne sais quelle beauté souveraine et consacrée (1) qui excite l'imagination sans la troubler. Les exem-

(1) *Relligione patrùm latè sacer...*

Virg., *Æneid.*, VIII, 598.

ples de vie, aussi bien que les préceptes qu'elles nous offrent, sont devenus le patrimoine de l'humanité tout entière. Jamais le plus beau vers de Corneille ou la plus sublime inspiration de Goethe ou de Shakspeare ne toucheront les cœurs comme ces accents de Virgile et d'Homère qui ont eu et qui garderont le privilége d'éveiller, dans tous les siècles et chez tous les peuples, les mêmes battements de gloire ou de pitié.

Les sciences naturelles et mathématiques, dans leurs progrès merveilleux, dans leurs applications diverses et fécondes, attireront sans doute beaucoup d'entre vous. A ceux-là, j'ai le droit de dire encore : Ne dédaignez pas les lettres. « Si les « mathématiques, a dit un ingénieux moraliste, rendent « l'esprit juste en mathématiques, ce sont les lettres qui le « rendent juste en morale. » Si beau qu'il soit de gouverner la matière, il est meilleur encore de savoir gouverner les esprits et de savoir se gouverner soi-même. L'intelligence spéciale et professionnelle a besoin d'être vivifiée, complétée par une intelligence plus profonde, par une préparation supérieure qui élargisse et élève les idées.

Il me reste à vous parler des affections si vives et si franches à votre âge, dont le collége est comme le foyer; et la vie du collége nous apparaîtra ainsi comme le prélude complet ou le résumé fidèle de celle qui vous attend dans le monde : — Devoirs, intérêts, jouissances de l'esprit, affections du cœur, n'est-ce pas là le tout de la vie de l'homme?

Aimez vos camarades. — C'est au collége que se lient ces amitiés véritables qu'on retrouve plus tard, et dont Montaigne a donné tout à la fois le précepte et le modèle en disant de la Boëtie avec une simplicité touchante : « Nous estions à moitié « de tout. » Les amitiés de collége ont cela d'excellent qu'elles sont désintéressées de tous les calculs qui, plus tard, se mêlent trop souvent aux meilleurs sentiments, qu'elles sont pures de tout esprit de caste ou de jalousie. Toutes les inégalités sociales s'effacent devant l'heureuse camaraderie du collége. C'est le collége qui vous apprend à supporter les succès des autres, que dis-je? vos propres succès; à voir ceux des autres sans envie et les vôtres sans orgueil : grande leçon et grand bienfait!

Aimez vos maîtres. — Ce conseil paraîtrait peut-être bien hasardé à certains esprits ombrageux et impatients de la règle, qui font rejaillir sur ceux qui la doivent appliquer une partie de l'éloignement qu'ils ressentent pour elle. Ils répéteraient plus volontiers avec La Fontaine, dont ils savent tous ce vers :

Notre ennemi c'est notre maître (1)...

Je ne sais plus, Mes Jeunes Amis, si j'ai partagé ces défiances puériles; mais je sais et je vous affirme que, sorti du collége, j'ai été heureux de retrouver mes anciens maîtres et d'en faire mes amis. De ceux-là, vous en connaissez quelques-uns et vous savez quel respect s'attache à leur nom! Faites comme moi, Jeunes Élèves, ou, mieux, commencez comme j'ai fini. Hors du collége, vous trouverez d'autres maîtres, d'autres supérieurs; — on en a partout : — mais ceux-là, je vous en réponds, ne s'intéresseront pas à vos succès comme le font les chefs et les professeurs de votre Lycée. Ceux-là ne s'inspireront pas comme ceux qui vous entourent des sentiments mêmes de vos familles, soutenant pas à pas votre faiblesse, stimulant votre indolence, récompensant vos efforts, consolant vos revers et vous en signalant les causes, relevant votre courage et vous préparant à d'heureuses revanches; ceux-là ne vous suivront pas échappés de leurs mains avec une attentive et tendre sollicitude, jouissant à votre insu de vos triomphes et gardant votre nom dans leur cœur. C'est ici et non ailleurs que vous trouverez ce dévouement si touchant et si désintéressé.

Soyez fiers, d'ailleurs, de voir à votre tête des maîtres que vous envient des villes bien plus importantes que la nôtre, et qui se distinguent à un si haut degré par leur savoir, leur intelligence et l'autorité de leur parole. Le discours si délicat

(1) *Le Vieillard et l'Ane.*

et si charmant que vous venez d'entendre, nous en est une nouvelle preuve.

Quelle autre preuve meilleure pourrais-je vous en donner que le succès éclatant obtenu par leurs Cours publics du printemps dernier? Vous y étiez, Jeunes Élèves, quelques-uns de vous du moins, et vous pouvez rendre témoignage! Dans un langage dont vous connaissiez déjà l'attrait et l'autorité, la littérature, l'histoire, les sciences physiques et naturelles sont venues tour à tour dévoiler leurs trésors et leurs secrets devant un auditoire de plus en plus nombreux, de plus en plus charmé. Vous avez pu voir vos pères et vos mères elles-mêmes, devenus vos camarades, se presser à vos côtés dans la grande salle, devenue trop étroite, de notre Hôtel-de-Ville, et confondre avec les vôtres leurs vifs et fraternels applaudissements.

Puissent ces Cours publics se rouvrir pour l'honneur de la Ville et du Lycée! Puissent-ils s'élargir et se consolider, et en amenant à fraterniser dans un enseignement commun ceux qui, dans l'Université comme au dehors, sont également dévoués à la sainte cause de l'instruction populaire, réaliser complétement les intentions libérales du Ministre éminent à qui nous en devons le bienfait!

C'est là une belle page de l'histoire du Collége d'Alençon, et celui-là surtout est heureux de la noter qui avait recueilli avec un soin filial les vestiges de cette histoire dans le passé (1).

Ce passé est ancien, en effet, et dans sa mesure glorieux. Il est bon de s'en souvenir, car tout s'enchaîne dans la vie générale aussi bien que dans celle des individus, et l'on continue la tradition de ses pères alors même que l'on croit rompre avec elle :

Et quasi cursores vitaï lampada tradunt (2).

Songez quelquefois aux générations qui se succédèrent

(1) *Histoire du Collége d'Alençon*, par M. L. de La Sicotière, 1842, 70 p. in-8°.
(2) Lucret. *De rer. nat.*, II, 77.

dans les salles les plus sombres de votre Lycée, aux grands noms qui les ont en quelque sorte consacrées. Je ne parle pas des élèves; je ne parle même pas des professeurs vivants : J'en aurais trop à citer. Mais les chaires massives qu'on y voyait de mon temps avaient été occupées par des hommes doublement chers à l'enseignement et aux lettres. Quel collége n'envierait au nôtre les noms du P. André, dont *l'Essai sur le Beau*, est resté classique, de La Rue, dont le grand Corneille, son ami, aimait à traduire en vers français les beaux vers latins, de la Sante, non moins cher aux muses latines, de Ducerceau, le prédécesseur et peut-être le modèle dans la poésie légère de Gresset, qui l'a beaucoup loué tout en le surpassant (1), de Fréron lui-même qui eût été le prince de la critique sanglante si Voltaire, son terrible adversaire, n'en eût été le roi, de Bourdaloue surtout? Saluez ce nom, Jeunes Élèves, comme celui d'un des plus beaux génies et des cœurs les plus honnêtes qui aient illustré l'Église et les lettres! La Harpe a pu dire de lui : « Sublime en profondeur « comme Bossuet en élévation (2), » et l'amer Saint Simon : « Aussi droit en lui-même que pur dans ses sermons (3). » C'est une croyance générale que Bourdaloue professa la rhétorique à Alençon, et l'un de vos maîtres actuels a eu l'heureuse idée de publier ses leçons conservées dans un manuscrit de la Bibliothèque publique de notre ville (4).

Vous êtes dignes de vos devanciers, Jeunes Élèves. Je ne

(1) Ainsi pensait l'amusant Du Cerceau;
Sage enjoué, vertueux sans rudesse,
Des sages faux évitant la tristesse,
Il badina sans s'écarter du beau,
Et sans jamais effrayer la sagesse;
Aussi les traits de son heureux pinceau
Plairont toujours.....

Le Lutrin Vivant.

(2) *Cours de Littérature*, XVIIIe siècle, sect. 2, chap. II.

(3) *Mém.*, chap. XXVIII.

(4) *La Rhétorique de Bourdaloue*, traduite pour la première fois, conformément au texte latin (*mss.*) de la Bibliothèque d'Alençon, par M. A. Profillet, professeur agrégé de troisième au Lycée d'Alençon; Eugène Belin; deux éditions.

viens pas vous dire comme le vieux Nestor, qu'ils combattaient mieux que vous. J'aime à constater, au contraire, que vous soutenez dignement la tradition de notre Collége, et que vos travaux de l'année, attestés par les succès éclatants, exceptionnels, de plusieurs d'entre vous, au concours académique des lycées et des colléges du ressort de Caen, ajoutent un nouveau fleuron à sa couronne.

Et vous, Jeunes Gens, écoliers encore aujourd'hui et demain membres de la société française, vous qui croyez, en quittant l'étroite enceinte du collége pour vous lancer dans le monde, que ce monde est grand comme vos désirs et libre comme vos pensées, que le succès peut s'y passer d'efforts ou que les premiers efforts suffisent pour y conquérir le succès, détrompez-vous... Bien des épreuves vous y attendent, qui seraient des déceptions cruelles, si vous n'appelliez pas à votre aide la raison qui les prévoit et la force qui les surmonte.

Votre premier devoir, votre premier besoin sera de compléter votre éducation universitaire par cette autre éducation plus intime, plus solide, qui viendra de vous-mêmes, de vos efforts, de vos réflexions et des conseils de vos parents.

Vos parents! c'est à eux de vous soutenir par leur affection prudente et ferme, de diriger votre marche au lieu de la précipiter. Ce ne sont pas les plus pressés qui arrivent au but les premiers, mais les plus patients.

Et c'est à vous de répondre à leurs sacrifices et à leur dévouement par un redoublement d'amour, de confiance et de respect. « Le respect, on l'a dit excellemment, est chez les peuples libres la plus belle forme de l'obéissance; il élève et annoblit à la fois celui qui le donne et celui qui le reçoit (1). » C'est au foyer de la famille que doit s'en conserver le feu sacré. J'oserais ajouter qu'il doit revêtir une nuance encore plus délicate et plus tendre chez

(1) M. Saint-Marc Girardin.

ceux d'entre vous dont les parents ont donné à leurs enfants une éducation meilleure que celle qu'ils avaient eux-mêmes reçue. Ils n'ont pas eu besoin d'être contraints par les exigences ou séduits par l'attrait de l'instruction obligatoire et gratuite. De leur propre mouvement, et parfois aux dépens de leur nécessaire, ils ont voulu avoir dans leur fils un supérieur en intelligence. Quelle supériorité d'intelligence pourrait valoir jamais une pareille abnégation, et quelle reconnaissance pourrait la payer?

Vous allez être dans, une certaine mesure, les arbitres de votre sort, car Dieu, en créant l'homme libre, a voulu qu'il recueillit, même dans ce monde, la récompense ou qu'il portât la peine de l'usage qu'il fait de sa liberté. Au collége, vous n'avez fait qu'ébaucher votre destinée, mais c'est d'ici à quelques années, de dix-huit à vingt-cinq ans, que vous la fixerez vous-mêmes.

Là encore, comme au début de la carrière, vour aurez besoin de travail et de persévérance.

Travaillez donc. — Dans les carrières civiles, comme au collége, c'est aux plus laborieux qu'appartiennent les premières places. Travaillez toujours; travaillez partout; travaillez quand même! Le travail est toujours la considération et souvent la fortune; il est souvent la vertu et toujours le devoir. Il est le remède à tous les maux, la consolation de toutes les amertumes. Le travail, qui fut le châtiment du premier homme, est devenu la réhabilitation de ses descendants!

Croyez-en, sur ce point du moins, ma parole et mon expérience; croyez-en aussi les hommes éminents qui m'entourent et dont les sympathies ajoutent un nouveau lustre aux couronnes qu'ils vont vous distribuer. Ils vous offrent l'exemple du travail dans toutes les carrières, en même temps que la preuve éclatante de ce qu'il donne à la vie publique et privée de relief et de considération.

Persévérez. — Votre carrière une fois choisie, marchez-y droit devant vous. Regardez au but et non à la route, au résultat et non à la peine. Point de tâtonnements, point de retours en arrière. Posez lentement, s'il le faut, les fondements de l'édifice que vous voulez élever; mais gardez-vous d'en remanier les assises.

Lauréats de cette année, où serez-vous dans dix ans? Dans ce mouvement général et irrésistible qui entraîne la société, aurez-vous gardé votre primauté? N'aurez-vous point été dépassés par ceux que vous dépassez aujourd'hui? Hélas! les uns s'endorment sur un premier succès ou promènent au hazard la stérile inconstance de leurs goûts; les autres se réveillent par l'échec et arrivent les premiers au but, en ménageant prudemment leur temps et leurs forces.

Ne craignez pas cependant, Jeunes Élèves, d'ajouter aujourd'hui et plus tard à vos travaux spéciaux les connaissances variées qui les fécondent et les complètent. Je vous le repète volontiers : élargissez sans cesse le cercle de vos idées et de vos études, tout en restant fidèles aux devoirs spéciaux qui en marquent le centre.

Dans toutes les carrières civiles ou commerciales, vous sentirez de plus en plus la nécessité de vous placer au niveau des connaissances générales de votre temps, de vous élever même à la hauteur des devoirs, toujours plus envahissants, de la vie publique

Dieu me préserve d'exciter en vous les rêves ou les convoitises de l'ambition! La vie publique a ses honneurs, sachez les attendre; elle a ses devoirs, sachez vous y préparer! Mais, destinés, comme tous les citoyens, et plus impérieusement encore par votre position sociale et votre éducation, à prendre une part, si modeste ou si grande qu'elle soit, aux affaires de votre pays, tenez-vous prêts à répondre à son appel. Pour bien le servir, il faut bien l'aimer, et, pour bien l'aimer, il faut bien le connaître! Le connaître dans tous les éléments qui font sa force, dans tous les souvenirs qui font son histoire, dans toutes les feuilles qui composent sa glorieuse couronne!

Ce n'est pas assez de porter la responsabilité de vous-mêmes devant votre pays, il faut encore porter la responsabilité de votre pays devant le monde.

Mais vous ne le servirez pas seulement dans ses conseils, dans ses armées, dans les fonctions publiques ou dans les professions privées : ce sera le servir encore que d'enrichir son patrimoine intellectuel et moral en enrichissant le vôtre, que d'ajouter à la somme des lumières qui, dans les arts, les lettres et les sciences, ont fait sa force au dedans et son rayonnement au dehors. Vos loisirs comme vos occupations peuvent tourner à son profit et à sa gloire.

Voyez la Société des Antiquaires de Normandie qui vient de s'acquérir un titre particulier à votre reconnaissance, en décernant une médaille d'honneur au lauréat de vos cours d'histoire! Parmi les membres qui la composent, vous trouveriez peu de savants de profession. Vous y compteriez en revanche presque tous les hommes qui servent le mieux et honorent le plus notre pays normand dans les carrières spéciales : administrateurs, prêtres, magistrats, ingénieurs, militaires, professeurs, avocats, médecins. Tous, en dehors de leurs devoirs professionnels, s'honorent d'apporter leur concours à l'étude de nos chères antiquités normandes, et d'illustrer par leurs recherches le passé d'un pays qui n'a pas aujourd'hui de plus zélés serviteurs. Je les louerais plus librement si je n'étais leur collègue.

Levez les yeux plus haut! Vous verrez le Souverain qui préside aux destinées de la France, de la même main qui tient le sceptre de l'Empire et l'épée de la victoire, buriner l'histoire du premier des Césars; et ce n'est pas seulement le grand politique et le grand capitaine qu'il veut glorifier dans son devancier, c'est aussi le grand historien! Quelle leçon pour vous, Jeunes Élèves! quel exemple et quel encouragement!

Surtout, Mes Amis, n'oubliez jamais que l'étude, que le succès même ne suffisent pas, et que l'âme a besoin de se retremper sans cesse à la source pure de la conscience et du devoir....

Ne vous laissez ni séduire ni effrayer par cette supposition que le monde est indifférent aux moyens et qu'il ne s'attache qu'aux résultats. Il est trop vrai : il adore la fortune et le succès... mais il n'est pas aussi indifférent qu'on le dit aux chemins qui y conduisent! Ses complaisances sont de courte durée. Tôt ou tard il revient à la justice et à la vérité, d'autant plus sévère bien souvent qu'il s'était montré plus indulgent. Il est plus inexorable encore pour ses flatteurs que pour ses maîtres. C'est à ceux qui ne s'écartent point du droit sentier, qu'il garde en définitive son estime et son respect.

Que vous importe d'ailleurs? Vous trouverez dans votre conscience plus de force et de consolations que le monde ne saurait jamais vous en offrir.

Quelle que soit la carrière, brillante ou obscure, que la Providence vous réserve, élevez vos aspirations vers ces hauteurs — *Ad summa*, comme dit, je crois, un ancien — où l'âme, dégagée des brouillards des passions viles et des intérêts égoïstes, semble respirer un air plus pur. C'est là seulement qu'elle trouve la pleine possession d'elle-même. Ce n'est, vous le savez bien, ni l'indifférence philosophique ni le mépris ascétique pour les intérêts de ce monde que j'ai à vous conseiller. Ces intérêts, au contraire, vous vous y mêlerez activement, dans la mesure de vos forces et de vos besoins, mais vous devez les dominer tout en vous y mêlant, au lieu de vous laisser dominer par eux. L'indépendance de la vie matérielle ne vaudrait pas les labeurs qu'elle coûte, si elle n'était en même temps la sauvegarde de l'indépendance du caractère. Le stoïcisme payen savait trouver la liberté de l'esprit jusque dans les abaissements de l'esclavage. Le christianisme, en révélant à l'homme ce qu'il est, d'où il vient et où il va, en substituant des ailes divines à ses pieds mortels dans les rudes passages de la vie, a doublé ses forces, et ses devoirs avec ses forces. S'il ne fait plus guère de martyrs au temps où nous sommes, il fait toujours les honnêtes gens. Par honnêtes gens je ne saurais entendre ceux dont la vertu prudente et négative s'effraye du bien comme du mal, et répudie comme un bagage importun ou compromettant les fortes croyances morales, politiques ou religieuses; je parle de ceux qui marchent d'un pas ferme et résolu dans le sentier tracé par leur conscience, qui dédaignent l'intrigue, qui savent au besoin sacrifier un plaisir à un devoir et un intérêt à une conviction. Ceux-là seuls sont véritablement des hommes et véritablement des citoyens!

Oui, Jeunes Élèves, en dépit des déceptions et des amertumes de la vie, ce sera toujours avec un doux orgueil que vous pourrez répéter un jour à vos enfants ces vers sublimes de votre grand poète, ces vers qui devraient être la devise de tous les pères, et dont la vie modeste et si bien remplie de vos maîtres, appelés pourtant par leur mérite à un rôle plus lucratif et plus brillant dans le monde, pourrait vous offrir une application touchante :

Disce, puer, virtutem ex me verumque laborem
Fortunam ex Aliis... (1).

« Mon fils, apprends de moi l'honneur et le travail coura-
« geux; d'autres t'apprendront le bonheur... »

Aimez donc tout ce qui élève et agrandit les âmes : la religion, la liberté, la patrie! — La patrie qui commande tous les sacrifices et tous les dévouements; — la liberté qui les inspire; — la religion qui les console et les récompense!

Et maintenant, Jeunes Élèves, dont j'ai trop longtemps contenu l'impatience.... traditionnelle, venez recevoir les couronnes que vous avez si bien méritées.

Que cette journée où le bonheur de vos familles double le vôtre, où les applaudissements de vos maîtres et de vos camarades forment votre plus douce gloire, soit pour vous le pré-

(1) Virg., *Æneid.* XII, 435.

sage d'autres succès plus sérieux et plus durables ! Mais, comme Villars, gardez toujours le souvenir

> ... de ces combats
> Que Denain surpassait mais ne remplaçait pas !

Vous êtes les héritiers du passé et les laboureurs du présent ; tâchez d'être les moissonneurs de l'avenir ! !

Alençon. — E. De Broise, imp. et lith

www.ingramcontent.com/pod-product-compliance
Lightning Source LLC
LaVergne TN
LVHW010220230826
846091LV00008BB/3598

* 9 7 8 2 0 1 9 2 1 6 8 5 6 *